崔伯銓教授的故事

風輕雲淡

陳零——著

序文

親愛的姊姊：

今年發生了好多事，我的第一本書得以問世，像小時候妳做什麼，我也裝模作樣跟著學，我也跟著妳的腳步成為作家，終於知道個中的辛苦，當然更多的是成就感，然後五月迎接妳的另一本新書，刻繪了年少歲月的許多故事，寫作始終是妳擁抱人生的方式，其中的心情轉折真的只有說書的人自己才會懂。

六月迎來了爸的入院，也盼回了許久不見的妳，妳在家全程照顧媽，好讓Umi能全心照顧爸，這四個月當中，我們時時刻刻心繫著爸的病情，一起商量拿主意，一起無奈的流淚，更一起打氣好好過每一天，爸即使在病中都能把家人緊緊凝聚在一起，讓彼此知道互相的愛與關懷，然後我們好好地送爸走，也扶持萬般不捨的媽，我們一起完成了好多勇敢的事，因為這個充滿愛的家，讓所有的勇敢都變得可能！思念應該會一直來，我們都會用自己的方式想念紀念爸，我期待妳的下一本新書喔，祝福我最親愛的姊姊生日快樂！

很愛妳的三三

2022年12月2日

感謝政大語文中心正芳老師序文及提供語音檔

自序

寫在父親百日出版時

您放下了塵世的擔子，到了另一個世界，
我們懷念您，卻發現您並沒有真正離開，
您活在我們心裡，讓我們更珍惜此生共同的回憶；
我們在彼此的眼神中看到您、在彼此的笑聲裡聽到您、
在彼此的故事裡重溫您的身影，也重新看到自己。
往事並未如煙塵消散，而深藏心中，
我們不只延續您的基因，期望也能延續您的美好品質：善良、溫暖、誠實……，
人生的夢想不會破碎，我們努力創造一個更寬闊、更美好的世界，
在未來旅途中，給予我們新的視角思考和檢視人生，

也帶來前所未有的勇氣和力量，
改變自己也許需要耐心與毅力，卻是可能的，
因為這條道路並不孤單。
您像山沉穩踏實，是我們生命的依靠；
您像水蕩氣迴腸，是我們心靈的源泉；
您像樹高聳入雲，是我們思念的歸屬。
我們不會遺忘您來的時侯和將要去的地方，
您的愛恆久不滅，只是形體離開，去了我們都會去的天堂。
書寫您，其實也是寫自己，
寫自己在經歷許多事，面對了許多死亡後的悟與思，
讓我們用思念的力量寫成文字感念逝去的親人，
敬謝我們已經流逝的光陰。

您生長在一個富庶的家鄉，
四季分明，土地豐饒，
父親擁有田地供人耕種收田租，
母親經營米店兼賣雜貨，
長兄又是獨子的您對待唯一的妹妹親愛有加。
父母工作忙碌，無法專心照顧，細心呵護，
您溫和的天性在祖母的撫育下並無改變。
您溫順的接受祖輩的教誨，禮教甚嚴的庭訓，
傳統的思想根深柢固在您的心裡，
約束自律著一言一行。
自小您都是自動自發，
努力讀書，認真做事，
雖然成績並不是頂尖，
但是升旗時司令台上喊口令，學生代表，
運動場上的體育健將都是您青春歲月時的影像。

高中畢業時您沒考上家鄉的大學，
當時局勢動亂，即將失守的消息撲天蓋地，滿天飛來，
母親作主讓您渡海來台，
期盼長兄獨子的兒能傳承血脈，金榜題名。
動盪不安的時代，船上萬頭鑽動，
僅有那麼一丁點人的位置，
又如何能將萬貫財富全部帶在身邊呢？
您身上僅有的一個紀念性的寶物就是一塊錶，
身著卡其布製服，
腳踏一雙舊布鞋，
簡單的行囊輕衣簡從，
您從一個自小無憂無慮成長，家境富裕的年輕人，
在踏上逃難船後成為了一個無父母無手足無親人，
無依無靠，只能靠自己的流亡學生。

經人介紹進入了最高學府，
當時只有軍訓室有職缺，
您找到了安身立命的地方，
邊旁聽英文班，普通物理班，邊認真苦讀，
您為了省房租，選擇住在圓山，
用母親給的那塊錶交換了同學的一輛破舊的腳踏車，
這塊母親給予的錶價值不斐又有紀念性質，
可是您心中只有單純的意念，
能每天到學校上課才是最重要的，
將唯一的紀念物，珍貴的親情都壓抑下來，
更將一塊貴重名錶換舊車的利害得失置之度外了。

從您當時居住的圓山後山，
坐車到您的學校至少得花費半個鐘頭，

無論是清晨黃昏或夜晚，
無論是風吹雨打，日曬雨淋，
甚至遇上颱風天，狂風暴雨，
道路上僅有您一人孤單的，
賣力的踩動著踏板，
您肩上背著書本，
懷裡綁著方寸之地的房間裡，
燒煤炭生火煮飯做的飯盒，用布袋包裹住，
您的雙腿不能停歇，雙手要緊握把手，
狂風吹襲著您，阻礙前進，
大雨澆淋著您，身體讓雨打濕了，
仍必須勇往前行；
您可能在寒風中，在冰冷的空氣中，
身上的衣服不夠保暖，凍得直打哆嗦，
也可能在酷暑的熾熱中揮汗如雨，
艷陽曬得您睜不開雙眼，

這漫漫長路上，您像個苦行僧，
只為了能到達心中的目的地，
到您最愛的學校去求取知識。
憑藉較別人成熟的年紀與堅忍的毅力，
隔年以第二屆全班第二名成績考上第一志願，光耀門楣。
您以二十二歲之齡考上大學，
足足比同學大了四歲，
家鄉淪陷後，您完全和親人斷了音訊，
學費的籌措是課餘用雙手和眼力，
一刀一痕為人刻圖章賺取微薄的酬勞；
這每趟路程一個多鐘點的時間，
別人早就安坐教室中和同學討論功課，
靜心等候教授到來，
您卻要一圈圈地踩動著雙輪，
輾踏過幾百哩路才能抵達教室，
要付出比別人更辛勤的代價，

您從未覺得辛苦，
只是更養成堅忍卓絕的性格啊！
您被選為學生會會長，
延續一貫的全力以赴，
對學校建言，為學生發聲，
為紀念傅斯年校長在校園樹立了座鐘，
暮鼓晨鐘永懷德行。

在課堂上，在實驗室裡，
您認真的聽講做筆記，
一筆一畫就像您刻圖章時的字體工整清晰，
對講授傳遞知識的學者畢恭畢敬，
他們都是創校創系的先賢先德，
儒雅風範，滿腹經綸，
將知識的種子遍灑求知若渴的莘莘學子身上，

蘊育，成長，茁壯。
您經常是教室裡最後離開的學生，
將筆記本裡標註的部分詳細整理清楚，
踩著腳踏車步入昏黃的傍晚時刻，
天際霓虹殘霞映照群雁紛紛返巢，
您身負著獨子單傳的責任期望，
使力的趕回遮風避雨的落腳小屋，
隻身一人在昏暗偌大的房間，
拿出放大鏡，雕刻刀，
戴著度數日漸加深的近視眼鏡，
如期完成別人的交付，重視守信的原則，
孜孜不倦於課業，日復一日地讀書到深夜，
為自己也讓寄望深沉的家人蒙受榮耀。

您心無旁騖的專心唸書，

維持一貫的簡約生活，
自己買食物，燒煤球生火做飯，
清洗浴室，換燈具，修水龍頭，馬桶打水進水設備，
甚而補衣服脫線裂縫，脫落的鈕扣，
凡事親力親為，不假他人，
這些自小身邊都有人打點的瑣事，還有您動手的餘地嗎？
離開了家，直接面臨真實的生活，
穿衣，吃飯，您必須安排孤身一人的景況，
讓日子繼續往前推進，
困頓磨練意志，窘迫激勵自我，
養成迎刃而解的精神磨練心性，
再濃厚的思鄉愁緒，再多的生計困境，
都必須壓抑理智，將自我照顧妥當，
您依舊每天晨昏帶著課本，飯盒，
風塵僕僕的來往於圓山和學校，
日復一日，始終如一。

後來有幸分配到男生宿舍，
您所住的學生宿舍裡，
同寢室中分別是不同系的學生，
一位農業系的室友，性格開朗健談，
您和他一起，總是見他侃侃而談，
您默默微笑聆聽，
不打斷他的話語，
也不會插入自己的意見，
也不流露不同意或不在乎的表情，
更不曾出現不耐煩的神情，
有您這樣的支持，
給予充分的尊重，他樂於分享，
心裡對您的重視也就日益加深了。
您和他都是外地來台唸書，

都是遠離家鄉，獨自生活的異鄉人，
思鄉情緒難解時，
會談到家鄉幼年的生活，
都是務農背景的家鄉，
只是他的出身較為清苦，
因此家中對他期望甚深，
他聰明上進，為立定的目標全力以赴，
也不吝訴說期望達到的成績是如何如何，
您總是含笑專注看著胸懷鴻志，
長您一歲，有如兄長的好友，
一言一舉止輝映著神采奕奕的臉龐，
像個親兄弟般，您總是他身旁最忠實的聽眾，
願意分享他的情感榮耀。
當時肺炎盛行，
這位好友不幸感染肺炎，
室友如臨大難，紛紛走避，

您不忍平時意氣風發的好友，
被病痛襲擊而受折磨摧殘，
在他咳嗽加劇，面如槁灰時，
您毅然在別人避之唯恐不及，
驚恐被傳染的情況下，
陪著孤單無依，如同親兄長的好友就醫，
所幸醫治及時，未嚴重擴散耽誤病情，
這份深重的情誼，留藏於好友內心久久綿延，
同寢室的室友也深受感動，
您為人犧牲，不顧自身的安危，
如和煦的微風輕輕掠拂，
溫暖了身邊的每一個人。
大學畢業服完預官役，本應該再上層樓深造，
無奈沒有經濟來源，您放棄了報考研究所，
打破畢業成績前三名者才能任助教的規定，
您勤勞認真的做事態度，

正派誠實的為人讓教授刮目相看，
成為留任助教的第一位畢業生，
那年您二十七歲。
您跟隨教授分配大一普通物理實驗的授課課程，
物理學闡述物理自然現象和變化的因果關係，
理論不易融會貫通，必須透過實驗印證加深觀念，
進而培養學生吸收科技知識的潛力，
普通物理實驗室是初時大學院校首創先驅，
您平實素樸的西服領帶裝束，
為人溫和有禮，謙謙自重，
為學生一遍遍示範演練各項實驗，嫻熟使用儀器，
與學生一起探究實驗結果，驗證報告發表論文。
您心無旁騖的專心教書，
工作上表現日益成績斐然，
您用薄薪換了一輛較好的腳踏車，
每天清晨帶著課本，飯盒，

還是風塵僕僕的來往於圓山和教室，
日復一日，始終如一。

任講師時，您擔任大學一年級生的導師，
其中一位學生家中遭遇變故，
必須身兼三份家教，才能平衡學費和生活開銷，
課堂裡的座位時常空著，漸漸荒廢了學業，
這位學生本來優異的成績日漸退步，
您勉勵大一的基礎很重要，
不能因生活的困境而輕忽學習。
您當年唸書時，沒有家教兼職的途逕賴以維生，
純粹憑藉毅力，含辛茹苦，節衣縮食，
可能一餐只有一個饅頭，一碟小菜，
兩件衣衫，維持基本的生活，
將所有的希望都寄托在求取知識，

能在大學殿堂裡汲取養份，
充實自己就應該感恩珍惜，
也許金錢的問題解決後，時不我與，
寶貴的時光已錯失，再也不復回頭，
年少輕狂，何以為繼？
為時不晚，急起直追還來得及。

後來這位學生順利畢業，
當時的成績並非前三，
但和您一般認真努力，
如同您當時感動了教導您的師長，
您也破例碌用了這位學生為助教，
而後他一邊任職，邊苦讀研究所，
完成碩士學位，專心教書，
是您的得意門生，更是優秀的同事，

師生二人為管理普通物理實驗室傳承接棒，堪為佳話。
這位學生為人師表，仍奮發向上攻讀博士，
拿到學位後，國家的高級科學院借重徵召，
您向這位愛徒，最親蜜無間的同事，
勸勉留任母校耕耘，
將滿腹的知識播種，豐富的愛遍灑在學弟妹心裡，
那會比發展更新進，強大的軍事設備還更有意義。

您對好學勤懇的學生視如親人，
對荒廢光陰的學生更為疼惜不捨，
鼓勵認真的學生在適合的位置，做更有意義的事，
勸勉迷途的學生回復正軌，重拾課業，
做青年時期最適合清晰的頭腦，
清楚的思路，清澈的心靈所應該實現的理想，
一路行來，學生在各個領域適才適用，適得其所，
他們畢業，唸研究所，拿博士學位，

留校與您共事，共同為母校的教學貢獻所學所長，
那是敦品勵學，百年樹人，愛國愛人的最佳風範表現啊。

升任講師時，您早已超過了適婚年齡，
穩重老實，溫和謙恭的氣質還是引起師長同事的留意，
為已屆大齡單身的您介紹了一位南部的名媛，
女方家長希望獨生女兒所嫁良人，
要求眼見為憑，
您準備了禮盒專程南下，
當您拿出存褶時，
女方家長嚴肅的表情充滿了不信任和輕視，
您這麼一位自奉簡約，兩袖清風的教員，
又怎麼能將千金的幸福托付給您呢？

在恩師的介紹下您認識了妻子，
您的岳家家境中上，
其獨生女從小學習鋼琴，
大學聯考的成績優異，
和您錄取的是同一所學府，
可是那年他校音樂系的分數非常高，
因此妻子選擇了第一志願就讀。
妻子大學畢業後在新竹教書，
假日您總是在車站等候，
前往的約會地點不是浪漫的咖啡館，
也不是情侶肩並肩，親蜜交流的漆黑電影院，
而是最明亮，最不具隱密隱私的公共場所，
您最喜歡，最自在，
最能讓您放鬆，卸除緊張羞怯的環境——書店。
到達目的地後，您以眼神代替言語，
對未婚妻點點頭就慢慢移往心中的聖地，

專心瀏覽工作上需充實的書籍和填補心靈的精神慰藉。

從小喜歡古詩的您，
心思細膩，性情平順，
在家鄉時想唸文學，
但家裡經商，您又是獨子單傳，
幾番猶豫思索，
放棄自小的夢想文學，改攻讀理工學系，
傳統思想中的男子就該立志向，謀大事，
唸理工的男人出路穩，工作容易找，
可自給自足，養家活口，
但報考大學名落孫山，
您不氣餒再接再勵，
終於以優異成績證明有志者事竟成，事在人為，
這都是書中的明訓，前人的諄諄教誨啊。

您沉浸在書海裡，
專注的模樣讓未婚妻知道書本對您的意義，
也接受瞭解終身所托之人，
不會是一個飛皇騰達，顯貴耀眼的富人，
而是一個愛書，愛校，愛家的純粹忠實的伴侶。

您在恩師兼介紹人見證之下和妻子舉行訂婚儀式，
那年您三十五歲。
您和妻子的緣份是上天的安排，
您的岳父出身富貴，淪陷時攜家眷來台，
家裡僕人趁傖惶出逃，
將一箱箱珠寶玉器，綾羅綢緞掠奪一空，
岳父一家三口落腳新竹教書，住在學校宿舍，
培養獨生女兒從小學舞蹈，鋼琴，
卻沒有富家小姐的驕氣，

隔壁同事就住著您恩師的夫人，
欣賞鄰家女兒古典溫婉的氣質，
恩師作主讓自己的得意門生和音樂系畢業
家道中落的名門閨秀共結連理。
您從一個離鄉背井，一無所有，
無依無靠，無親無故的年輕人，
一直靠著自己的勤勞奮力，腳踏實地，
不怕辛苦，不怕困難，
逆來順受，堅忍不拔，
忍受輕視嘲笑，飢餓，清貧，寒冷，疾病種種的苦惡交迫，
正直不阿，誠實清廉的風範，
讓岳家欣喜女兒托付終身的良伴。
訂婚隔年您通過國家公費留學考試，
赴瑞典深造進修，研究光譜學，
當時全台灣只有一個名額，即您一人，
全亞洲僅有兩個名額，即您和一個日本人，

全世界二十六位光學家齊聚瑞典Uppsala大學，
此大學的光譜學富有悠久的傳統和輝煌的成就，
您帶著全系師生和學校的祝福，
岳家為您準備的心意踏上留學的路程，
和全世界此領域二十五位佼佼者共同為光學研究而努力。
在為期一年的出國進修時間，
您為了節省開支，所有的遊覽購物您都沒有參加，
研習團員裡家境優渥的大有人在，
每逢節日都會呼朋結伴去喝酒吃飯，渡假放鬆，
您總是推辭同學的邀約，
僅在美麗如畫的校園裡，
為茂密的樹林，繽紛鳥群和宏偉古典的建築留影紀念，
您最常待的也是讓您最快樂的地方，
不是那些五光十色，燈紅酒綠，人聲喧鬧的場所，
您最享受的就是待在安靜的圖書館，
那兒陳列著多種語言翻譯的書籍，

常常讓您入書海欲罷不能，消磨上一整天。
那一年中，適逢一年一度的諾貝爾獎頒獎典禮舉行，
全體同學無不歡欣雀躍，
積極準備打點服裝儀容，
家境好的人自然購買昂貴的燕尾服，
家境中等的人也必須忍痛租借一套所費不貲的禮服，
只要能出席這一生只能受到一次觀禮邀請的機會，
每個同學的面容都充滿光彩，深覺幸運而喜悅。
只有您臉上平靜的神情，不露聲色，
周遭興奮的語氣，激動的聲音，
歡欣驕傲的表情此起彼落，一直延續瀰漫在身邊，
同學熱烈討論行前的期望，
嚮往登上全世界萬眾矚目的殿堂，
您默默的打開書，
靜靜的在燈下做著自己應該做的事。

光榮的時刻終於到來，一大早人聲鼎沸，
全部的人穿戴整齊將搭車前往會場，
當大家知道您獨自一人要留守宿舍時，
有人準備代為租禮服，或借一套正式的服裝時，
都被您婉謝了，
就這樣目送所有同學上車，
載走所有的鼓舞與榮耀，
您依然是默默的一個人看著書，
面對著一屋子的安靜寂寞。
忍人所不能忍，捨人所不能捨，
這不就是您平凡中的不凡啊。
所謂的光榮不正是虛榮的另一對照嗎？

一年後進修結業返國，

當時中央研究院由大陸遷台復所，
草創時期，經費短絀，
正需要青年才俊為國貢獻一己，
那是民國五十年初的盛事，
您獲物理研究所所長吳大猷先生聘為副研究員，
協助發展研究部門，
這是一份光榮的無給職，
您依然只領學校的一份講師的薪資，甘之如貽；
其後多所大學院校發出兼課的邀請，您紛紛推辭，
您認為母校栽培孕育恩重如山，
您不貪不求，
專心做好該做的事，盡該盡的責任，
功名利祿如雲煙，富貴浮雲轉眼過，
從未動搖，迷惑您清澈的心。

創系系主任兼主婚人主持的結婚典禮，
隆重氣氛中與妻子締結良緣，
隔年您三十八歲，
第一個孩子出世後，就必須搬離單身宿舍，
與您自小一起長大，聰明調皮不愛唸書的同鄉，
當時也事業有成，成為了一位船長，
您一家三口住在他們夫妻自購的房子裡，
在您和妻子工作忙碌時，
岳父母願意擔負起照顧外孫的責任，
時來台北看顧您一家人，
直到岳父退休，用退休金和一些存款買了第一棟房子，
全家才得以團聚，三代得以同堂。

這幢公寓離您教書的學校還近，
離妻子工作地點遠近適中，

岳母從外孫出世就抱在懷裡，
分擔女兒女婿工作之餘育兒的辛苦，
岳母頭腦靈活，為家裡的開支精打細算，
如果您這個月的薪水短少了，
立刻知道不是哪個學校職員，
婚喪喜慶申請公費補助還未撥款，
您先借為支付，
或是那位落魄的朋友阮囊羞澀，
還是家境窮苦的學生代墊學費，
種種原因的不忍看見別人受苦而慷慨解囊，
這是您的為人厚道純良，
您的心是溫熱的，
您絕少會拒絕施與別人啊。
岳母終至積勞成疾，
過世前還抱著剛出生的長女，
邊喚著長子的小名，依依不捨，

岳母走後，您又添了次女，
也是最小的孩子，
那時以您的年代看來算是高齡得子了。
孩子陸續出世，您的工作日益繁重，
三十九歲至四十三歲間，
您和學生，助教在教學研究上發表多篇論文，
升任副教授，
教職上還需貢獻諸多心力，栽培國家棟樑。
妻子每天朝九晚五辛勤工作，
下班後岳父備好晚餐，
晚上會在家教鋼琴貼補家用，
您成就公眾他人的理想，
背後是與您有同等胸懷，高尚情操的妻子所成全啊。
您的長子出生前，
妻子歷經兩次小產，
她的身體並未特別調養，

又身兼職業婦女和家庭主婦的責任，
雖有岳父母的幫助，
她的勤勞毅力堪稱堅韌的女性，
在生長子時陣痛了一天一夜無法生出，
岳父母陪伴之下，您毅然離開妻兒身邊，
因為學校另有要務在身，
系裡的事，學生的事，實驗室的事，
都讓您掛心，念茲在茲：
行政事項繁瑣，安排人事面面俱到；
購買儀器教具預算動輒數十上百萬，
必須謹慎求實羅列申報；
考試命題，批改考卷，學期結算成績，
校務會議，學術研討會……；
您連孩子出生的時刻，
都必須馬不停蹄的趕赴工作地盡心盡責，
等待您歸返的妻子不負辛苦，

如願生下了雙眼鼓溜溜轉，嘟嘟的嘴，
您的敦厚模樣印記在長子的臉龐，
所有的艱困辛酸都化為虛無，
灑落一地風霜，
您忠實的性格就是給與孩子最溫柔的禮物，
感恩上天讓您完滿了家，完滿了自己。

長子活潑好動，喜歡與同伴遊戲，
每天不到天黑不見人影進門，
您不加約束，只是順應本性讓孩子自由，
您買書，鋼筆，買腳踏車給長子，
他生性大方不計較，喜與人分享，
往往上個月才送的鋼筆，這個月就不翼而飛，
不知是壞了，掉了，還是送人了，
您不詢問也不追究，總是毫不遲疑再買給他，

您尊重小孩的行為，不過份管束，
讓孩子自己思考，自己領悟，
如果並非太嚴重的過錯，
您總是身教代替言教，
一隻鋼筆，私人用品使用數年之久，
從未向人伸手借錢借物，總是規範自身，
心胸寬，氣度大，心地厚，同情包容別人，
您對周遭的同事，朋友都是秉持寬闊的胸襟，
又怎麼會對自己的孩子責備怪罪呢？
您刻苦讀書考上最高學府，
畢業後辛勤任教，開創自己的人生，
您不曾硬逼強迫孩子必須和您一樣，
第一志願的高中畢業考上第一志願的大學，
考研究所或是出國深造，
優秀的學歷，高尚的職業，優渥的薪水，
功成名就，成人上人，讓眾人瞧得起，

這些既定成規的教育從來就不存在您的意識形態裡，
您的格局是順其自然運行，
無所為就是您主張的有所為啊。

平日您和妻子工作忙碌，
岳父幫忙採買作飯，接送小孩，
每到週末您總是拉回滿滿一菜籃車的蔬菜魚肉，
您會捲起袖子做家鄉菜，
菠菜豆腐，雪裡紅炒肉絲，油托黃魚，燉蹄膀……，
需要調味火侯燉煮的佳肴是您的拿手菜，
孩子都聚焦在蒸氣肆冒的鍋爐上，
這時岳父和妻子可以休息，
等待熱騰騰香味四溢的佳肴端上桌，
份量足，菜式豐富，滿盤擺放整桌，
全家三代圍坐廳堂，其樂融融。

假日清早您早早起床，
準備整齊的領帶西服和充足的底片裝入攝影背袋，
待全家起來穿上外出新衣，上廣東茶樓吃早茶點心，
那時西門鬧區最富盛名的今日百貨公司樓上的
﹝龍鳳茶樓﹞和﹝清蒸一條龍﹞
是每個星期假日必享用的地方，
您帶著全家逛百貨公司，
買用品給妻子，買玩具給孩子，
到植物園，新公園，動物園拍照留影，
或是在對您有特殊意義的，
台北的地標——圓山大飯店，
宏大富麗的正廳，您拍了非常多的照片，
那是您多年在山下凝望，可望而不可及的殿堂，
走過多少滄涼心酸，失落煎熬，
您從不放棄也不氣餒，
一步步踩過水坑窪地，突兀顛簸的道路，

終至為全家尋覓安定的天堂，
如果興緻好，您會帶全家坐長途客運到基隆港看大船，
到外縣市欣賞風景，到您喜歡的書畫展覽觀摩，
直到夕陽西下，全家人都累了，
孩子紛紛睡倒在計程車裡，
滿載一車的溫暖踏上歸途。
您還是買了許多名家的書法冊，
課餘對帖臨摩，勤練寫字，
雖然您早已不刻圖章賺學費，
但您還是為家人刻了紀念性質的圖章，
您特別選購珍貴的玉石，
選擇工筆深刻，耗費精神眼力的篆體字，
妻子將寶石以硬盒裝妥，用絨布袋包裹珍藏在櫥櫃裡。

您二十七歲到校任助教，

到您年屆半百，五十歲的年紀，
這二十幾年的時光都致力於光學研究，
通過學校教授資格的審核，升任教授，
連續擔任兩屆系主任，
您是以學士學位任系主任的第一人，也是唯一之人，
您親自動手製作儀器，改良早前留下的器材，
為系裡爭取預算，規劃管理實驗室，
淘汰陳舊不合時宜功效的機器，
添購新式性能佳的實驗器具，
如果預算緊張，每個系所分配有限，
在作育英才的考量上，
您會從自身的薪俸和研究經費中提撥很大一部份，
來謀公眾多數人的利益，
您著想的是學校，是學生，
自身食衣住行享受從未放在心裡，
安家養育兒女的擔子會落在同甘共苦的妻子身上，

妻子每天朝九晚五辛勤工作，
晚上會在家教鋼琴貼補家用，
您成就公眾他人的理想，
背後是與您有同等胸懷，高尚情操的妻子所成全啊。
之後您卸下了系主任的擔當，
讓年輕一輩的學生接棒，
傳承您一貫實實在在做人做事的務實精神。
您的孩子也漸漸成長，陸續就讀國高中時，
妻子於工作家庭間忙碌，不再收學生教琴，
也暫時放下對孩子的課業督促，
餘暇之際與三兩同好一起學習舞蹈，
回味童年擺動肢體的樂趣，
您喜歡讀書寫字，這並不會影響，
更不曾干涉妻子彈琴，跳舞的愛好，
在您的年代和您所受的傳統思想的洗禮，
讓妻子參加舞蹈活動無異於拋頭露面，不守婦道的行為，

這驚人之舉會與敗壞門風諸多聯想，
您自小喜歡文學，心思細膩，
您能體貼妻子寄情於音樂舞蹈抒發情感，
個人喜好清白單純，
讓愛的人去做喜歡做的事，
不就是成人之美，何需阻攔呢？

您和妻子在工作上盡忠職守，責無旁貸，
互敬互助，互為依靠，
您是勤懇忠實的伴侶，不懂得說表面話討人歡心，
您總是在生活中默默的付出心意，
不論是說話的語氣，
從不曾頤指氣使，高聲斥責，
更不會嚴厲教訓，流露不屑不耐煩，
別人是嚴父治家，嚴紀嚴綱，

那是絕不會發生在您的家庭裡的情況，
在您的妻兒心裡，
您付出的關愛和金錢都很可觀而印像深刻，
您和妻子只是中等收入的家庭，
卻讓孩子衣食豐沛，富足一生，
這是多麼不容易的事，何等的無私和感恩啊。

您的長兒聰明好動，心思不在書本上，
幼稚園開始，每天都是玩到園兜兜烏黑，
天色漆黑才回家，
小學參加棒球校隊，精力旺盛得以宣洩，
直到高年級遇見了一位導師，
嚴厲的督促功課，突然誘發讀書的動機，
拼命認真，成績大幅提升，
上了明星國中後，

妻子僅安排補習一門英文學科，
每個學期平均成績保持九十分以上，
獲得獎學金的殊榮以外，
又是乒乓球校隊，校際比賽屢獲佳績，
堪稱動靜皆宜，允文允武，
高中聯考以些微的差距考上第三志願，
您欣喜長子自己在成長路上摸索體會，
這樣的結果是自己選擇努力的，
不是任何人可強加諸於身上的，
是自由意志，自動自發所驅使，
也必然會對自己負責。

長子以身作責，為兩位妹妹作優良示範，
在達成一個里程碑後，也就放開了束縛，
回歸活潑的天性，加入了籃球校隊，

籃球場上衝撞難免，血氣方剛，年輕氣盛，
與學長交流時，不慎幾個動作不經意地惹怒了對方，
言語爭執互不相讓，對方先打人，大夥看不過上前幫忙，
就這樣，長子的頭被襲擊打傷送醫急診，
妻子趕到醫院帶回包紮傷部的長兒回家，
您下班後讓長兄跪在房間裡，
用皮帶打在兒身痛在父心，
打球比賽是健康的活動，打架就失去正當的意義，
什麼深仇血恨是不能忍耐的，
一定要訴諸武力，用暴力解決問題？
不但無法解決，反而加重問題，兩敗俱傷，
動手失去品德，人格受損，
唸聖賢書，考上好學校的努力都白費了，
這是您唯一動怒的一次，
所有的委屈都不會讓您難堪，
一直逆來順受，不以為意，

孩子的品性沾染污點是您沉重壓力來源，
語重心長的的話語落在孩子成長的記憶裡。
妻子懷長女時吃了安胎藥，
您捧著全身毛絨絨的女兒，
直呼生了一隻小猴子。
長女的體弱多病讓您和妻子奔波在辦公室、醫院間，
岳父幫忙時怕幼兒跌跌撞撞，
就將襁褓中的女兒裹得厚厚的綁在椅子上，
餵食以外常常一整天說不上一句話，
長女三歲張口迸出第一句話後，
全家才放心沒有生了一個啞巴。
幼稚園裡女兒學會了數數、注音符號、看鐘、摺紙，
結交了彼鄰兩個好朋友，
初嘗人間美味——生力麵的滋味，
那橘色杯碗盛裝著香味四溢、熱騰騰的湯麵，
是最振奮人心的點心。

中午校車將女兒送達家門，
岳父帶回哥哥後就照顧孩子吃飯，
頑皮的長子已上小學，
午睡時率先摸進岳父褲袋，
在岳父酣聲呼呼中拿了些銅板溜出門去。，
妹妹也有樣學樣湊些子兒，
到雜貨店買些糖果、冰棒到附近同學家玩。
商人之家的氣派華麗對家境小康的女孩充滿新鮮感，
大方的林同學拿出糕點、玩具招待同學，
三個小女孩玩得不亦樂乎，
每當牆上的咕咕鐘在三點奏起音樂，
女兒就必須捨下各式琳瑯滿目舶來貨，快步跑回家
——只是並沒有把鞋子落在如同皇宮的同學家中。
畢業典禮上，您為三張傻忽忽的面龐合影，
為初學生涯劃下句點。

長女出生就得黃疸，幾近換血邊緣，
上呼吸道又敏感，經常高燒不退，
您餵她服藥、換冰枕、清便器，
風如薄刃的冬夜，抱起病況惡化、
層層暖衣覆裹的發顫小身軀疾行於急診路上。
後病毒侵襲腎臟，全身浮腫血尿的女兒住進醫院，
每當迷濛初醒，榻旁守候的恒是您憂焚的眼神，
以良藥、補品為她調理，
買故事書撫慰鎮日靜臥的寂寥心靈，
和煦的笑容伴隨渡過一百個春天。

返回家中，叮嚀還須靜心休養，
領著她遍訪名醫，那天由診所出來，
女兒躲在騎樓裡，雨勢嘈急、

班班客滿急駛而過的計程車，
眉心凝聚了焦急的您，
在薄傘下伸長了頸子、使力揮著手。
久久，見公車近站，您滿懷歉意奔來：
—叫不到計程車，坐公車吧？
女兒點點頭，攬著上車，
擠了個位子讓她坐下，拿出手巾輕擦她髮上的水花：
—頭濕最容易著涼。
您拎著傘，手挽著女兒退下的厚外套，
一路搖晃於擁塞窒悶的車廂，
燈光昏暗不明，晃著搖著，
睏倦的眼皮搭了下來，闔闔啟啟，
您將傘緊貼腿側，褲邊濕成一片，
雨滴落在自己的鞋上，順著雨滴往上看，
您閉目屹立，衣衫水痕遍覆，
雨珠織成密網灑滿青絲，

女兒拂去窗上濛霧，霧卻蒙上雙眼。
或由於多病，課業上您從不要求，
但女兒也自發地未讓您耽過心。
重考大學時，
—放心盡心考，盡力就好。
隔年榜上有名多應歸功於您。
及後交友情事總在理還亂時逢您開解，
女兒的不長大，讓您挺直腰桿強打起精神，
若能為依偎，您自然卸下千斤重負了。

小一時感冒引發腎臟炎，終日血尿須住院休養。
出院後重拾課業絲毫不影響女兒優異的表現，
期末成績單上請假時數為五十天，
但仍是全班第一名，評語欄為品學兼優。
復學前妻子帶著女兒拜訪名醫，

黃白相間的公車，胖胖的肚圍，
坐在長排對坐座位上，夜色襯著街景喧嘩，
妻子拿著傘，雨水沿褲管滴在鞋上，
褲腳一片水漬，妻子閉目在人群中搖晃著。
醫師俯身看著女兒，特別叮囑不能勞累，
腎病需要靜養，離開時摸摸女兒的頭。
您買給長兒的書籍陪伴體弱在家靜養的長女，
科學小百科，唐詩三百首，成語五百句，
女兒沉浸在吸引人的故事書裡，
小三開始參加作文比賽，遲到進入考場，
懵懵懂懂塗鴉，竟然拿了冠軍，
您覺得似乎後繼有人，
更不吝嗇買精裝故事書、高級鋼筆和各類文具，
「工欲善其事，必先利其器」
是女兒印象中會的第一句那麼長的成語。

女兒在書店看到您學生的著作，
封面印有您的推薦，
那位學生在外地教書，不及送給老師一本，
恰好旁邊也是您喜歡的書，也一併帶回。
晚飯後，您點了燈、泡杯茶，照例安憩在躺椅，
閉目養神一會兒，再重溫昔日讀過的散文。
—爸，這送給你。
女兒悄然走到您身後，
您轉過頭，接下女兒遞上的兩本書。
您靜靜的看著它們，
女兒心想內斂寡言的您可能就是靜默地收下，
—那我要送妳什麼？
女兒坐在側後方距離，您無法察覺她欲淚的激動，
只聽見女兒小小的聲音：
—您不用送我。

時光飛快，女兒赴美婚嫁的日子來了，
妻子領司機先提行李下樓，
女兒走進房間，在寂靜地黑暗、窗外投射進來的微光中，
您雙眼迷濛地坐在床端。
女兒輕喚：—爸，我要走了。
您看著她，緩緩起身，
清理一下面容，隨即出房。
您將兌了錢的軟袋移向前方：
—帶著，急用。
女兒壓抑住心中洶湧：
—爸，我有，不用給我了。
滿懷起伏的情緒由喉間費力地釋放出，
因為她深知這是不擅言辭的您所能表達所有的愛的方式。
女兒轉過頭，

離別的愁緒令她不敢再望向您那已慢慢衰老的雙眼，
您走近握住她的手，
六月的盛夏，
略顯瘦弱的身軀有著冰冷的雙手，
女兒不禁一顫，
這是她第一次碰觸自小最疼愛她的父親。
您目送她下樓，走了兩階，
女兒忍不住回首再看看那不捨的影像，
您就一直立在那裡，
一直專注地看著心中深深的牽掛即將遠行，
她舉起手輕擺，
讓那幅慈愛的圖像印記在腦海深處。
朋友出國推辭家人兌換的金錢，
女兒卻寧願讓那父親準備的一張張小額紙鈔，
躺在裝妥的小絨布袋裡，
伴隨飛越千山萬水追尋夢想。

步入出境大廳，四處張望，
有的家人簇擁著旅人話別，
有的親人互擁久久不捨。
妻子華髮漸疏，依依的臉龐，
她牽掛的女兒也即將離去。
出關時女兒抱住母親的身體，握著她的雙手，
輕聲一句多珍重，女兒轉過身邁開大步，
深色的玻璃掩不住熱切揮別的手，
滿載的愛足夠女兒在異地摔倒碰撞，
夢圓了，您為她欣喜，
失落了，女兒仍然回得永遠歡迎的天堂。
機窗外故鄉的山河越來越渺小，
女兒打開筆記本寫下這封信：
—爸，您將一生都給我了，還要給我什麼？
而我卻什麼都不曾給你，
您和媽一定要平安快樂地等我回來。

離開家，才知道自己的家在那兒。
少小離家出遊借住外地，
友人問想家嗎？女兒一逕搖頭，
向來灑脫慣的人經過了時空淘洗，
午夜夢迴才驚覺自己早已讓親情的藤蔓纏繞得緊密結實，
也才懂得是雙親的堅強守護在等待兒女的慢慢長大。
回台步出機場大廳，女兒四處張望，
見著親人了，您和妻子滿頭華髮，
皺褶的臉龐，一年一年蒼老。
您和女兒並肩離開，雖無擁抱。

說話不急不緩，慈愛和藹地看著女兒。
生日、模範生表揚、作文比賽後，
那雙眼睛總會釋放柔軟的光芒，
溫暖地包圍著，就像現在眼前這份自然。

—唐詩三百首、成語五百句，多讀，累積起來。
您慎重地將盒子放在桌上，
緩緩翻開書本，女孩打開盒子，
精緻筆身折射出烏亮的光輝，
那幼小的心靈沐浴在溫煦的微風裡，
安寧地對待著、撫慰著。
您總悄聲怕驚擾著，每當女兒伏首桌前。
您愛書，買書看書。
回憶與母親初次見面就相約於書店，
—書是最好的朋友。
當初對妻子，如今和女兒這麼說。
可能早些塗塗寫寫，
孩子中對女兒感情特別些，
生日禮物文具一大盒，
作文比賽獲佳績，全家上館子慶祝外，
書冊的獎賞更是少不了，

長子好動，瞥一眼，轉著籃球出門了，
小妹豔羨地睜大眼，長女總抑喜與她分享。
後又發現其他興趣，終日嬉盪，
直到久遠後的一日，女兒拾起書專注讀起來，
您走近捻亮了燈、調低電視的聲量，
這記憶烙在她心上。
女兒喜愛絢麗動態的活動，您不表意見，
但能靜心看書寫字，還是您最欣慰的。
您平日生活並不講究，對於書卻傾其所有，
—精神豐足，外在榮枯不上心間。

鼓勵女兒多閱讀、勤提筆，紀錄所思，
初感苦，待得其樂時就韻味無窮、放不下手了。
充沛的的光線從窗戶射進來，
女兒的頭髮上繫著緞帶，穿著蓬蓬裙，

她坐在窗前翻著書頁，始終是您的乖女兒，
按照您的教誨來讀書。

小女出生時您已四十二歲，
妻子以為已有一兒一女，
拚命追趕公車，奔跑跳耀想刻意小產，
但是小女的生命力旺盛，還是呱呱墜地，
但體重不足，您看著小女細如蔥的手指，
內心充滿呵護的喜悅。
小女生就古碌碌眼睛，精靈聰敏，
承襲了您的敦厚和老實，
但幼時不愛唸書，不愛寫功課，
寒暑假作業總敷衍了事，還將懶散的態度推卸給長女，
讓認真努力的姊姊蒙莫名不白之冤。
小學高年級時與長子如出一轍，

遇見一位嚴厲的男導師，功課突飛猛進，
畢業時勇奪市長獎，讓人刮目相看。
此後就如同兄長的教育過程般平順，
且沒有補習過任何一個學科，
都是自動自發的唸書，
每學期平均成績保持九十分以上，
每學期領獎學金，是家中的開心果也是乖女兒。

國三時有一次月考成績不理想，
事後小女更加認真，經常熬夜看書，
您默默的遞了一張紙條寫著：知恥近乎勇，
知道自己在何處犯了錯，
那個方面的努力不夠，下次補強，
相同的錯誤不再發生，
這就是勇於面對自己的過失，

日後一定會看到進步。
您都是適時的，溫暖的，和善的，
言簡意賅的告訴孩子，
不曾大聲訓斥，長篇大論，氣急敗壞，
孩子有思想，有情緒，也有能力
自己去體會，去感受，去領悟，
那樣才會成為自己內心想要成為的人，
而不是父母師長或別人想要成為的人，
小女如願考上第三志願的高中後，
每當遭遇挫折阻礙，
只要想起這張珍藏您工筆飽滿字跡的無限愛意，
只要想起漫漫成長路上，
您總在身旁默默陪伴著，
總是充滿信心力量，毫不沮喪低頭。
您六十耳順之年，開放大陸探親，
小女正逢大二暑假，可陪同您前往上海，

探視闊別四十年的母親和妹妹，
您父親已過往，母親高齡九十，
妹妹伺奉母親四十年如一日，
母親的健康情況尚可，
只是久臥在床，不良於行。
您在機場見到妹妹的孩子已長大成人，
領您到了上海大路上的長巷裡，
一戶平常人家裡窄小的室內，
您在夢裡見過幾回，
日夜盼望思念的母親眼裡含著淚，
遮避了原已模糊的視線，
您嘴裡不停的輕喚著媽媽，媽媽，
您跪在母親床前，
雙手握著那皺褶，柔軟無力的手，
那柔弱的肩軟軟的垂下，
您離開時，母親仍是操持家中買賣生意的婦女，

如今經過歲月的催磨，
已是一個風燭殘年，年事已高的老人了，
您一個人離開家鄉，背負著全家的期望，
您刻苦讀書，認真做事，謹慎言行，修身齊家，
生活安定且能照顧弱小的人，幫助需要的人，
您為父母增添榮耀，
您不負當年母親割捨親情之痛所作的決定。
妹妹將淚已泉湧的您扶起身，
好好的端詳二十出頭就離家的兄長，
如今已是六十出頭，青絲裡摻合著白髮，
兄妹兩人正含著薄淚，
深深凝望著這世間唯一的手足，
久久不能自己。
您將辛苦教了一輩子書，存下的積蓄，
提領了一大部分兌成美金交給妹妹，
白髮漸生的妹妹臉上露出意外的表情，

妹妹知道您是教書的人，
這筆金額對別人來說也許不代表什麼，
但出自一個僅忠於自己受栽培的母校，
無顧任何名聲利祿誘惑，
大若動搖心志的原因都不曾改變初衷，
您釋出的善意早已超越兄妹情，父母養育之恩了，
這四十年來，您總想著有朝一日能回家看望親人，
您認為親人所受的苦自己也正承受著，
朝朝暮暮，日日夜夜，無時無刻，每分每秒，
自己所受的苦都可以容忍包涵，
視為理所當然，不以為意，
可是自己最親的人母親和妹妹，
讓親人忍受這種思親的痛，
卻是身為長子的您所最不捨，最錐心的痛啊，
妹妹伺奉母親，在這數年中也許母親的生命將屆盡頭，
您還行有餘力，有生之年還能見到至親，

就已是無上的滿足，
這份感恩的金錢已微不足道了。

小女大學畢業，
擔任助教期間需要接受纖維病變手術，
手術當天妻子陪同前往，到了手術室，
看到您坐在那靜靜的等，不知等了多久，
手術結束，從恢復室出來，
一切無恙，您又默默離開趕往學校，
而後半年必須追蹤復查，妻子工作抽不開身，
小女在到達診療室時，
您總是已等在那裡，不知您等了多久，
每半年復檢時，您總是默默的關心小女的健康，
每當小女遠遠的看到您，心裡總湧上一股溫熱，
您從來一直都是如此，

將您身邊的家人，同事，朋友，
放在心裡重要的位置，
您總是準時出現在手術時，診療室，
陪伴著，守護著，從不缺席，也不張揚，
或只是敷衍兩句，詢問病況，
而是每次從忙碌的工作中趕赴最需要您的地方，
您對工作認真負責，為家人盡心盡力的心遠勝於言語，
您表現的就是溫和溫柔溫暖的性情特質啊。

小女傳承您的衣缽，
大學畢業以優異成績擔任助教，
而後通過托福考試，
申請進入美國州立大學攻讀碩士，
以小女本系畢業的程度，
剛入校，課堂上只能坐在旁專心聆聽，

無法紓發自己的看法，思想無法交流，
也不能表達不同的想法和意見，
無法參與討論融入，僅能單向的接受教授講授的內容，
那都是書本上僵化的知識，
而不能轉化為自己所吸收，可靈活運用的學問。
小女在行前已預料到這種情況，
已和有留學經驗的學姊請教，
在大四那年特別請學姊為家教，
進行為期一年的留學準備工作，
小女傳承您的細心，
在思考事情時設想多方面，務求全面性顧慮周到，
言談不冒失浮躁，經過周延的思緒才發表自己的意見，
不至人云亦云，莫衷一是，
做事的態度如您謹慎穩重，
氣韻平靜，實在恭敬，
絕不曾敷衍草率，將事情糊塗零亂不堪，交差了事，

那是絕不會出現在您血液裡的因子，
自然也不可能流淌在您期許的孩子身上，
無庸置疑的是小女自我要求，
學習您勤勞奮力的精神，
受您認真執著的身教薰染陶冶，
在蟄伏一段時間裡，
小女不斷地增加課後的自我檢驗，
大量的閱讀專業的書籍，不停的充實自己，
不替自己搪塞不順利的藉口，
時常在課餘和教授請教所遇到的困境，
教授總樂意為外來學生紓解課業上的困惑和迷惘，
但最重要的，也是最能戰勝一切，取得課業上的成績，
就是自己內心的強大堅定，才能克服一切艱難，
所有的汗水和淚水都在謝幕的光榮時刻，
化為甘甜的蜜汁，芬芳的馨香。

您五十歲到七十歲，
為學校付出心力，最寶貴的時光中，
您與多位教授，將心血投注在
普通物理實驗的內容，儀器，講義的革新，設計和研製，
這些努力使普通物理實驗現代化，中文化，
您參考查閱國外最新的著作，期刊和專門書籍，
將譯名務求專業通順，最接近原意，
又符合中文對照閱讀瞭解，
也使每個實驗能有三十組以上的儀器，
讓廣大的本系和外系學生都能親自參與實驗，
而不僅是看著講授者，
無論是助教或講師一人示範操作，
每一個學生都可讓心思專注在實驗裡，
實際獲得見證實驗的開端，
過程的艱難或順利，進而獲得最終成果，

這項大幅度的提升普通物理實驗的進度，
能配合普通物理教學進度的創舉，
是您和團隊不辭辛勞，
將學生公眾多數人的利益遠置於個人利祿之上。

在添購這龐大的設備前，
您必須花費心力去爭取每一筆經費，
經費得之不易，
如果超出預算，又難免捉襟見肘，
務必做到平衡每一個項目，
如顧此失彼，有一處涵蓋不及，
那損傷的是學子受教的權利，
那是您絕不願意看到的，
一個器具，一個名稱，一個報價，
申購主要負責人簽名用章，

您一筆一劃清楚工整，
不知耗費了多少精神心思，
仔仔細細，謹慎踏實，
那一本本記載著您清楚的筆墨字書，
鑲嵌著您這一生處事淡然卻為人熱切的風範啊。

小女通過艱難的修習課業，順利取得碩士學位，
在紓解壓力放鬆之餘，小女返家來到游泳池畔，
重溫年少時學習游泳的樂趣，
教練叮嚀在池邊練習夾腿姿式，
待熟練再入水做連續動作，可輕而易舉，一氣喝成，
小女認真的練習十次，
不怕辛苦，不怕困難的再練十次，
彷彿還怕不夠熟練的再加倍次數，拚命練成，
直到教練勸阻不要將氣力用盡，

明天雙腳無力，可能連走路都抬不起來了，
小女才默默的起身，臉上表情平靜，
沒有流露辛苦難受的神情，
練習的辛勤和疲累是相等的，
可是勤奮的精神卻不是每個人都可發揮出來的，
小女的執著堅強流露在做每一件事，
自認為應該做好的事情，
無論是工作唸書，甚或是休閒活動，
如此在別人看來，不需費太多心思的小事件，
小女都承襲了您畢恭畢敬的為人態度，
也令教導的對方心生感動和敬佩，
而更願意傾囊相授。
短暫的休息是為了走更長遠的路，
小女再度出發，向更高的目標邁進，
決定攻讀博士學位，
經過兩年嚴謹的學術研究訓練，

已然為自己再添加堅實的胳膀，
歷經幾番思忖，鼓舞充沛的鬥志，
更明確自己的意志。
在天寒地凍中，車子剛好維修，
在零下二十度氣溫，站在雪地裡等公車到學校，
小女向來耐寒也無懼風霜酷寒，
可是已是皮裘厚絨密實裹身，
卻連下巴都凍得沒知覺，
感覺也好似脫離身上，不是自己身體的一部分了，
大自然的力量驚人，
再堅毅的人都覺得渺小，而不得不俯首稱臣，
從此小女經常留意汽車的狀況，
確保脆弱的身體不再曝露在嚴寒中，
多保護身體，不要和大自然無謂的抗衡，
失去了寶貴的時間和意志。

在尋找論文主題上，
許多來自家鄉的學生共同集氣，
互相打氣，彼此激勵，
博士學位的道路上並沒有範本可依據，
與其說是自由發展，倒不如是無前例可尋，
教授只教導學生自己去開創議題，
自己決定想遵行的方向，
這空間看似自由，不受限制，
有無限無窮的想像空間可盡所能發揮，
但行成一個值得研究並能發展延伸，
再進入更深層領域，再做探究的主題前，
需要歷經韜光養晦，沉潛蘊釀，
也許是很久很長的一段時日，
在這一天萌發種子之前，
可能會茫茫然，會無所適從，會心煩氣躁，

因為有時間的壓力，有急迫性，
那是和無憂無慮的唸書，交報告，
所截然不同的試鍊啊。

還有一次小女受了涼，感冒發燒了，
撐著病體看完醫生回來，
打開冰箱，裡面空無一物，
要趕快再穿上厚重衣服，外出採買食物，
自己做一頓飯，餵飽已空腹多時的腸胃，
才能吃藥休息，讓身體早日康復，
所有的一切都必須靠自己，
一個人的精神，毅力，思考，判斷，決定，
沒有任何人可以依賴，可以憐憫，
如同您隻身一人獨自來到台灣，
沒有一個認識的人，可以幫助依靠，

所有的一切都要靠您的勤勞，奮力，堅強，
毅力，謹慎，細心，正派，實在，
這些彰顯您這一生的特質，
不就是您希望流傳在孩子身上，
並且期盼將這些平凡優美的德行，
能一代代的發揚光大嗎？

經過六年的時光，這短暫也漫長的歲月，
小女經過千辛萬苦，終於順利獲得博士學位，
這期間您的母親已經離世，
您在母親有生之年見到日思夜盼的親人，了無遺憾。
您特地寫信給妹妹，告知小女的喜訊，
妹妹恭賀您培育了後代裡唯一的博士，
您特地在忙碌中，精心寫了張賀卡寄給小女，
提醒小女：士不可以不弘毅，任重而道遠，

完成博士學位是一種成就，但不能自滿，
未來的路還很長，還是需堅持下去，
有更多更重要的任務要完成啊，
您總是欣慰孩子自動自發，
自己找尋道路，自己確定方向，自己克服困難，
最後欣然領受結果，
成功了，值得祝賀，
失敗了，也不氣餒，
無形中衍生出的勇氣，
那不是別人賦予的，愈彌足珍貴。

七十從心所欲之年，您屆臨退休，
正逢台大物理系五十週年學術研討會，
高齡九十的吳大猷先生頒贈優良教師獎座給您，
座面傅鐘圖像與題字教澤永存的融合，深具意義。

您為迎接學校新系館落成，
購置了此生最奢華的享受，
您買了一台專業照像機，
為樓高二十餘層的新樓拍了無數張的照片，
妻子疑惑，同一棟樓為何拍那麼多張同樣的照片？
陪伴您終生的舊館，每一處地方都有您的足跡，
每一個教室，教員辦公室，遍佈您的氣息，身影，
那僅僅只有三層樓的建築，
木門，木窗格式鑲嵌著歲月的痕跡，
厚實的玻璃，紮實的木質，細致的做工，
蘊涵著過去的篳路藍縷時期，
前人點點滴滴血汗凝結，滙聚而成的現今，
繁華風雲已留存於史冊，人們心裡，
新館正是傳承先賢先德的志業，更加發揚光大，
看到後繼者為國家培育人才，
在教育的路上傳遞薪火之炬，

您心中的熱切火種仍持續發光發熱，生生不息啊。
退休後您白天的活動就是到學校拍照，
到許多期盼的目的地獵取最佳鏡頭，
參觀攝影展，買攝影書籍，
學習進一步的攝影技巧，
沖洗照片，一本本標註時間地點，
紀錄完整清晰，在日後比較觀摩才有所依據。
晚飯後泡杯茶，在躺椅上小憩後，
捻亮了燈，開始心靈之旅，
黃永武先生的散文，
羅蘭女士的羅蘭小語，
陳之藩先生的劍河倒影，
都是您愛不釋手，一讀再讀的經典，
此時的您沐浴在最輕鬆，最自得的一段時光，
年少的您想唸文學，
為了家人的期望，為了維持生計，

為了尋求工作，養活自己，照顧家庭，
捨棄心中與生俱有的情感訴求，
那是心靈深處最細緻的情感，
任何物品都無法代替交換的補償，
那種悸動只有自己瞭解，
內心最深沉的語言。
卸下沉重繁瑣的教學事務，從此浸淫書林，
您讀書累了，就閉目養神，
養精蓄銳後，再讀上幾頁，
您總是會放上書籤，標記精華的片段，
日後再讀，溫故知新，
知所前言才能沿襲脈絡，步步為營，
看書如同求知，
並非讀過如風般飄散，
要前言後語看得透徹，
連貫脈絡，條理分明，

才能通曉道理，
將哲理變化成通透的知識，
修養品格，修練性情，
才不枉讀書的真諦，
您就在那盞燈下看書，靜靜的，
身邊的走動聲，交談聲，電視聲，
都不曾匯入您心裡，
書靜默的陪伴著您，
您沉默的陪伴著家人，
就那麼默然的，溫柔的一直在那兒。

退休後陪伴您的有書本，攝影，
還有始料未及的嬌客，
長子友人送的一隻小約客夏狗，
初來時才半歲，

嬌小的個子，桂圓般的眼睛，長而豎立的耳朵，
小獵犬怯生生，卻不減機警靈敏的天性，
您欣喜嬌客來臨，
特地買精緻調配的罐頭餵食，
還買養家犬的書籍，
當知道乾糧可訓練咀嚼能力，且能對口腔清潔有益，
才能對牠們的牙齒生長健康，
罐頭香味四溢，口味豐富，
但要增加清潔口腔的維護，
畢竟狗兒不可能時常刷牙，
那就不是對狗兒好，而是傷害牠們了，
當乾糧成主食，香味四溢的罐頭偶而讓狗兒解饞，
小約客夏傻看著暗沉深色，不起眼，
湊近聞也不具吸引力，
色香味都不俱全的盤中物時，
擺出拒吃的態度，

甚而負氣的咬出來甩了幾次，
將乾糧一顆顆丟上拋下視為出氣的對象，
怨氣無處發洩，再追趕乾糧落下處猛撲上去，
用腳掌臉龐擠壓磨蹭幾回，
直到精疲力竭，也飢餓多時了，
只得心不甘情不願的接受事實，老老實實的吃著。
您對狗兒如同孩子，盡所能為其著想，
不會強迫接受既有的想法，
但在成長時，重要的過程裡，
一些規範是需要養成的，
孩子的品性，是非對錯，
狗兒的挑食，對傷害健康的後果堪憂，
都需要磨練成型，規矩方圓，
其他的部份就依天性自由發展，
只要不逾矩，不犯太過的錯誤，
您總是讓您所愛悠遊在寬廣的懷抱裡，

自由自在的做自己。

您退休後將生活安排得充實又愜意，
這時刻的您彷彿全身充滿了活力，
展現了年少時體育健將的風貌，
年輕時的您踢足球，打網球，
每日騎車幾公里的長途路程的鍛鍊，
您揹起攝影器材，四處獵取鏡頭，
腳程耐力完全不減年輕時；
您還喜歡上百貨公司，到高級的超級市場逛逛，
看最新穎，最新鮮的食材，
始終懷想的仍是難以忘懷的家鄉口味，
高貴的食物，傳統市場裡的美味，
都是您希望帶回家，為全家人精心烹煮，
留存在記憶中的滋味，

給親蜜的家人最豐富的心意，
上百貨公司超市時，
您總是西裝領帶，衣著整齊，
上人聲鼎沸，人群川流不息的傳統市場時，
您會著輕便的夾克便褲，
因為菜籃車裡總會帶上您疼愛的狗兒，
日益成長的身軀，雄糾糾氣昂昂，
雙掌攀附在籃邊，
雙腿強有力的站立著，
毛絨絨的頭四處轉動，
骨碌碌的眼睛注視著周圍的舉動，
您總是歡喜帶著狗兒出門，
讓小嬌客乘坐在菜籃車裡，
拖著也不嫌棄疲累麻煩，
直到蔬菜魚肉裝滿車，
您一手拉車，一手牽著鍊子，

讓狗兒慢慢步行回家，
經過這一番路程，到家門前，
狗兒也累的趴下，喘噓噓地吐氣，
您總是愛憐的將小狗抱進屋裡，
這是您和狗兒的親蜜時光，
在您享有餘裕的黃金歲月裡彼此相伴，
這麼一個依賴您，信任您的小伙伴，
您付出了全部的情感，
狗兒也將以一生回報啊。

狗兒相伴，您的退休生活生意盎然，活力滿盈，
長子為您添加了孫兒，應該是您喜悅的最大來源了，
小孫女的臉龐豐盈，額頭如您般寬闊，
神態似您的母親，
自小承襲長子活潑聰穎，機靈逗趣，

動作表情有模有樣，惹得全家又疼又笑，
您準備一卷卷的底片，一張張的沖洗，
一個個千變萬化，稍縱即逝的表情一閃即過，
您像是訓練有素的攝影師，
隨著快速變幻的表情動作，節奏加快，
每一個珍貴的鏡頭都不能錯過，
您的幸福是隨之攝影而來，
伴隨您四處遊歷取鏡的背後，
是將圓滿人生的更大的禮物餽贈，
如您只是平靜的看書寫字，
可能也就不會為家人留下孫女童年燦爛的回憶，
這一禎禎，一本本，一疊疊的記憶留藏，
是您創造的財富，
是您不辭辛勤外出取景，日積月累點點滴滴，
這是您可以自己決定要做的事，
沒有強迫，沒有委屈，

沒有任何人的因素，
也不再有自力更生，養家活口的壓力，
您完全可以拋開一切，不顧任何原因，
做此生最樂意的事，那是無上的自由自在，
不就是您一直為家人所堅持不疑的嗎？
您退休後的這段日子，是您一生中最好的時光，
看書，寫字，攝影，
慧頡的小孫女，小狗圍繞，
帶著小狗上市場買食材，下廚烹調豐盛菜肴，
尤其是年夜飯的菜色，都是家鄉的口味，
精緻的蛋餃燒大白菜，雪菜黃魚，
獅子頭燒粉絲，雪菜百頁，蔥烤鯽魚，
您在廚房忙著切菜，洗菜，下鍋煎炸燉煮，
臉龐的滿足，淡然的神態，
寫滿了您對家人深沉的感情，
每一份滋味都凝結了數十年生活的結晶。

您剛過八十大壽，正開展人生另一個新的境界，
有更豐富的視野和心情迎向更廣闊的生命，
正迎接第二個小外孫女，
您又可以享受童稚，其樂融融的趣味，
架子上，櫥櫃裡，又滿盈繽紛的照片，
您一直在讓家人圓滿珍愛的回憶，
富足的代價對別人來說，也許是金錢的累積，
讓子孫後代享受榮華富貴，
在您的心裡是盡己之力，
為家人留存記憶中的珍貴片刻，
您的書，您的筆墨字，您的攝影，
每一禎照片的心意，
每一頓精心烹煮的菜肴，
都是您賦與家人的禮物，

那是任何金銀財寶都不能代替的，
因為那是您親自而為的，
也只有溫和，溫暖，溫柔性格的您，才能願意完成的啊。

您為學校，為全家人付出犧牲，
忍受著艱難困頓摧折磨難，
種種情緒上的阻隘難解，
您無盡的隱藏低落的情緒，
一直以來的窒礙難行，隱忍痛苦而不以為意，
恆久的忍耐吞飲，不曾想伸出顫抖的手，
其實內裡已是寸寸傷痕，片片零落了，
一路自來台唸書，您就是獨自一人，
您一直只有靠自己，從不伸手只有給予，
即使自己再困窘，您的心始終是溫厚的，
只看到別人的苦，自己的哀傷只有放在心裡，

不以為難，隱瞞了多長的時日啊，
終於您還是累了，倦了，
堅強的意志也有潰敗時，
再堅韌的毅力也有瓦解的時刻，
您一直撐起學校的責任，家庭的責任，
再強韌的巨人終究需要休息了，
您還是倒在了一輩子做您強有力的後盾，
親蜜一世的妻子懷裡，
您大口吐血，昏厥過去，
將這幾十年來的委屈一併宣洩，
您不再隱藏滿腹的辛酸，
將長久以來的苦悶如排山倒海湧出，
大口大口鮮血傾吐出來，
這是您此生解除釋放在您內心的包袱啊，
您的胃癌一定忍耐積壓很久，
再疼痛不適您都能忍著不說，應該長達數年之久，

您接受全胃切除手術，癌細胞並未擴散，
但是體重驟減三十公斤，體力衰退許多，
您的胃摘除後沒有食慾，也不知飢餓感，
妻子烹調的菜肴必須切細碎，
讓沒有胃的您好消化，
進食不多，營養不夠，您的體力一直衰弱，
只能看電視，看書，看報紙，
這些靜態的活動讓大病一場，仍保有珍貴生命的您，
不能再像以前四處走走看看，那麼行動自由，隨心所欲了，
卻改變了您往後的生活，讓您從此卸下煩惱壓力，
您每天看書，安然淡定，幾乎忘卻自己的病情，
平靜的日子有助於安心養病，也未嘗不好，
五年後您的癌症竟然痊癒，不必服藥回診了。

小狗在您之前先行離去，

陪伴了您十二年的歲月，帶給您充份的喜悅，
如同家人般朝夕相處，早上會喚人起床，
午餐，晚餐跟在您腳邊討食物，彷彿似小孩撒嬌呢噥，
小狗的無理取鬧，任性撒野，對您來說那就是天性啊，
這一生倚附予您，寄托於您退休後的閒情雅興，
得以讓小狗有廣闊的空間自在悠遊。
您本以為自己會先離開，
但是您韌性堅強的性格，一場病並未將您擊倒，
您還是將生活安排的靜謐自如，
雖然身體瘦弱，體力不如從前，
還是去百貨公司超市為家人辦年貨，
家人擔心您擠公車往返，
您堅決出門，毅然挺直腰桿獨自前去，
您決定的事一定會執行，沒有人能改變您，
也許就是上天賦與您頑強的毅力，
才能讓病魔屈服在您的力量之下吧。

退休多年，您並未參與學校的任何活動，
但是每個月學校的刊物，
校友捐款名錄中總會出現您的名字，
妻子總會輕聲責備，
您捐的錢數目是系主任的幾倍之多，
不明白的人以為您故意邀功，讓別人難堪，
您總是想到系裡的困境，學生的需要，
如此純粹，衷心為人的您又怎麼會有沽名釣譽的想法呢？
即使是退休，即使年歲增加，即使受病情磨難，
您從未忘記過孕育您的母校，
能將這一生的光榮回報，都不足以感恩於完全，
自身個人滄海一粟，力量微不足道，
還是懷著謙恭敬畏的赤誠，
默默關愛如同父母照護孩子成長茁壯的母校啊。

這麼多年，您的孩子都有了自己的家庭，
孫女半夜發燒，您總是在清晨時分出現在急診室，
您總是細心的關心著身邊的人，
在最需要您的地方守侯，不知在冷風裡待了多久，
兒孫生病，搬家，出國，回國，
總是看得到您的出現，
您從不表露感情的隻字片語，
平日也不會說體貼討喜的話，
您就是親自作為，令人心中溫熱柔軟，
花言巧語的人多，將感情掛在嘴上的人多，
以為感情表達自由就是真感情，是真的愛護對方，
而沾沾自喜完成了有意義的事，
您只是對兒女說將自己照顧好，不讓父母擔心，
世俗對感情的言表，在您的觀念裡都成為膚淺的詮釋，
不需要執著外在表淺的言語，

在生活裡謹慎言行，不要輕率妄為，讓父母蒙羞，
思想上成熟有擔當，不要傷害自己，讓父母傷心，
您心目中的孝順並非兒女功成名就，讓您感受榮耀光彩；
也不是希望兒女賺大錢讓您享受榮華富貴；
或是噓寒問暖乘歡膝下，時刻不離黏膩依附著兒女；
您只是希望兒女將自己照顧好，不要讓父母擔心，
這無我無求最大包容的盼望，是您深沉的愛。
應該不會再有一個父親如您般內斂含蓄，
生活平淡如水，如一池掀不起漣漪的水塘，
而讓人感受內裡驚人巨大的愛的能量，
這才是真正的感情啊。
您平日生活不講究享受，
穿衣，飲食，住家，外出，甚至娛樂，
從不曾在您的意識裡，
您只有兩套正式的西裝，也不追求名牌昂貴；
您都是買食材親自下廚，

外出聚餐都是為兒孫慶生或應親友邀約，
且都是您買單，
您一直都是付出，從不曾讓別人破費，
您認為付出是獲得，讓別人享受是無上的榮耀，
是使命，是責任感，
從不曾坐等別人為您付帳的時刻，
在您的觀念裡是失禮且羞愧的，
那是您的大度胸襟，所絕不可能發生的失態的行為；
您到學校任教，用公教貸款買的公寓，
全家共度了五十個寒暑，
多年日曬雨淋的公寓陳跡斑斑，
滲水滴漏，油漆剝落，四處可見，
您從不抱怨也不以為意，也不曾想離開這久居老屋，
早已融合於生命裡的一部分，如同自己的一部分，
曾想過換一張嶄新的臉孔，
或是更健壯的手臂，還是更美好，年輕彈性的肌膚？

如果可以將陳年老舊，殘敗不堪，
歲月侵蝕的風霜痕跡全然換新抹去，
換得的那個屋子或是個人，還能在記憶裡留下什麼？
當這些舊的，壞的，不討喜的淘汰，
為追求更上層的生活目標，過往的記憶成為回憶，
那就不是原始的那份感動感觸，
那就不是原本的那個您，

從不曾有二心，要搬離開這棟記憶深沉的老屋，
如同您放不下學校，就像母親家人，是一世的依伴；
您出門總是搭公車，不麻煩子女接送，也不坐計程車，
您總希望自食其力，不貪圖方便省力，
您喜歡依靠自己，走路到車站等車，
上車也不計較站著疲憊，拎著重物，搖晃在人群裡，
也不擠上慌下，爭先恐後，就怕上不了車，
您還是耐心等候別人都上車了，
看著車廂滿載絕塵而去，

也不欣羨別人，安然的等下班車，
您總是禮讓別人，成全別人，
成人之美而不是犧牲委屈，
您總是胸襟寬闊，從不計算厲害得失，
那些生活中的瑣事，絕然會包容於您的氣度裡；
您唯一注重的就是教育，您愛書，買書看書，
這讓您胸懷滿滿，彷彿人生已然足夠，
不需再多求什麼，虛空的附加物都是不必要的纍贅，
書中自有黃金屋，書中自有顏如玉，
您總是說讀書的樂趣是恆久的，
您希望給兒女的，是您這一生最值得珍惜的樂趣，
用可貴的金錢換得寶貴的知識，那就是閱讀，
人生所有的享受，唯有讀書可以千古永恆，
再燦爛奪目的衣裳，精緻的美食，名貴的美酒，
再奢華高尚的住宅，高級舒適的座車，
再耀眼的影音娛樂，無窮綺麗風光的旅遊，

所有人世的享受都在閱讀之下，
一切皆可拋，唯有讀書高，
是您最真切的心靈呼喚啊。

在您迎來九十大壽之前，
母校為在日治時期後改制，
所創立的第一個系所——物理系，
舉辦了一個紀念性的展覽，
由系友成立的時空論壇協會所主辦的時空英雄榜展覽，
此展覽呈現開創時期的艱辛不易，
在物質困頓的初創時期，
開路英雄都是受母校栽培的系友學成回報所學，
在數位赤膽丹心，貢獻一己的系友中，
系裡將您列為英雄榜的首位，
論年齡，資歷您都是名列前茅，

三位後輩特地到家中頒贈獎座給您，
剔透沉重的獎座座面題字兩行：
細推物理須行樂，何用浮名絆此生，
取自杜甫曲江二首一詩，
這兩句切合了在理學的領域思考，探索，推敲，論證，
領會求真求實的樂趣，
至於名聲，利祿，功績，成就都是身外之物，
心不需牽絆，也不致受紛擾羈絆了，
正如行到水窮處，坐看雲起時的怡然悠雅的心境，
您只是含笑說愧不敢當，毫無貢獻，
接過獎座輕輕的放在身旁，並未流連端詳，
風輕柔的掠過，幾抹淡然的雲飄在天空，
這短短兩句話，已將您此生風骨凝聚。
展覽在您終生相伴的舊館舉行，
一樓大廳川堂兩側陳列自日治帝國大學時期，
一路以來的各個時期重要的人物所作出的貢獻，

每一位都是母校栽培的學子，春風化雨，百年樹人，
代代傳承，衍生出日新又新的成績，
那受惠的是無數的後輩師生，
為理學的研究領域再開展浩瀚深度的空間，
為人類寫下發光發熱的史頁，
先賢先德修業專注，將畢生投注在學術研究，
突破了前人的思唯，設想到先前無法探究觸及的界限，
讓人類研究科學的腳步又往前邁進一大步，
這許許多多的探測，研究，推理的腦力激盪，
造就了許多的英雄共濟一堂，眾志成誠，
為諦造再次輝煌而效力。

您邁入九十高齡爾後，教我們學會感恩，
懂得博愛，留一份淡定和從容，
歲月教會了我們世故成熟，

讓我們學會了世事洞明，隨遇而安，
我們也學會了適應和妥協，
不再遇人爭個高低，遇事爭個明白。
凡事不再依賴別人，不再推卸責任，
不再為自己的錯誤尋找藉口，
不再奢望別人能夠遮擋風雨，
在時光的沉澱後，平平淡淡才是真。
很多人事，經歷了心就堅強了，
很多磕絆，跨過了心就豁達了；
持一顆平常心，給自己一份灑脫，
坐看雲起雲落，花開花謝。
人生無論成功失敗，歡樂痛苦，盛衰榮辱，
都如行雲流水，一去不返，
歲月催人老，風定落花香，
就讓陽光照耀前進的道路，
讓花香灑滿人生的旅途。

四月時長照人員來家裡拜訪，
勸導年事已高的您會發生吞嚥困難，
預防吸入性肺炎的風險，
六月您開始發燒入院治療，
醫生診斷您正是吸入性肺炎，無法正常進食，
為了補充營養，不得已讓您插了鼻胃管餵食，
八月十五日又染上新冠肺炎，
您被送往加護病房兩週，病情穩定後轉進隔離病房，
九月七日您的痰卡住氣管，血氧下降，
醫院發出病危通知，後因補水恢復正常，
篩檢結果又轉為陰性，確診康復，
回到普通病房後觀察數天，
您在九月二十日出院回到家裡，
您肺部發炎，衍生濃痰，必須持續抽痰，

確保痰不至跑到氣管裡，阻礙呼吸，
因抽痰無法百分之百，治標不治本，
肺部還是會發炎發燒，只得服抗生素退燒，
人清爽，補充營養，就能產生抵抗力，
溫和人道對待是回報給您最好的選擇，
病老至此，忍耐卓絕的您任病痛決定擺佈，
在生命的最後還要忍受插管折磨，我們於心何忍？
人生四季，春夏秋冬，黑夜黎明轉換不停，
花開花落，歲月更迭，生老病死悲歡離合，
在花開花落間，也讓我們懂得人生如花一般，
從花苞到綻放，從綻放到凋零，
生命終將在歲月中老去，是必然，也是自然，
我們既要溫柔盛開，也要優雅落幕。

不要因花開花落而煩惱，

不要因時光易逝而嘆息；

也許擁有的時候，正在失去，

也許失去時，正在獲得；

或許人生有很多的不快樂，

而我們能做的就是努力讓自己快樂。
歲月催人老，風定落花香；青春幾何時，唯有心長盛，
讓陽光鋪滿歲月的路，讓落花浸染沿途的芳香，

坦然接受晨昏日暮，朝夕交替，花開花落，

即使歲月催人老，我們也依舊要活出人生的美好。

您出院回家的兩週，每夜咳痰，
濃厚的痰佔據了肺部，您費力的想咳出來，
卻無可奈何頑強的病菌深深侵蝕，
您的肺葉塌陷，肺泡無法張開，讓您呼吸困難，
跟隨著您的不舒適，無法為您做些什麼，舒緩您的痛苦，
長女僅默默的在隔壁房間一夜無眠陪伴。
在這與您相伴的兩週時光，長女只睡著了三晚，

那三晚的夢境並沒有內容，影像和對話，
只清晰的顯現您大約四十歲年紀的風貌，
繁花似錦的樣貌，那是一張印像裡未曾出現的面容，
那時您的長女出生，您剛升副教授，準備接任系主任，
雙肩擔負著學校和家庭的責任，
風華正茂的您正蘊釀在最飽滿的境界，
您的勤奮，堅毅，正派，謹慎的性格特質，

讓您內心穩定，方向明確，步履踏實，
按部就班地實踐您的職志，
夢中從容自若的神態，柔和的圖像深深溫存長女心中。
您十月十一日走後，
十二月二日長女生日夜晚，
距離您蘊育長女生命整整五十六年，
長女夢境裡，在早晨起床聽到您的聲音，
正要大學聯考的長女聽到，
您表示北部大學畢業的出路較優渥，
南部大學畢業的出路較受限制，
長女聽見您這一番話語，
困惑的思索您還在世嗎？還沒有離開家人嗎？
連忙起身到隔壁房間，看到您睡在之前藍色油漆的鐵床，
很符合長女二十歲時，您六十歲時的實際生活情形，
長女欣喜的問：您回來了，就不要走了好嗎？
您沒有回答，靜靜看著她，

長女再問：爸爸，您回來了，就不要走了好嗎？
長女充滿盼望的話語，如訴說似傾吐，如真如切，
這短暫的五十天，已然久遠的時空分隔，卻從此天上人間啊。
懷想這些日子以來，像雲霧像煙塵，
迷離虛幻，恍惚朦朧，
倏忽瞬息間，過往卻似在夢中，
一切發生的事都不真實，而一切又都真實的發生了。
您的純善，感恩是有福報的，
讓您出院回家，
妻子和長女能陪您兩個星期，
最後三天讓小女陪伴，最末兒孫環伺在旁，
我們都享有上天賜與您的福報，
能在今生相逢，願來世再聚。

您喜歡的菜根譚書中銘言：

寵辱不驚，閒看庭前花開花落；
去留無意，漫隨天外雲捲雲舒。
您根深柢固的傳統思想，是一種境界，
也是您對待事物淡泊自然的豁達態度，
對於榮耀和屈辱都泰然處之，才能心境平和；
視去留如雲捲雲舒變幻無常，才能淡泊自然。
身不驚，才有閒看的雅致；心無意，才有坐觀的風情，
這是一種對名利應有的態度，得不喜，失不憂，
生命中經歷一次磨難，就是鍛鍊自己的意志，
挺過一次災難，就是增加自己的力量，
行到水窮處，坐看雲起時，
正是這種順其自然的心境，
人生的境界還有什麼是不能達到的呢？
人生的境域又有什麼是不能改變的呢？
把心放平，生活就是一泓平靜的水，

把心放輕，人生就是一朵自在的雲，
雲淡風輕，有平常心才能有坦然人生。

附錄

爸：

我是妹妹，上次回來已是三年前了，那時您高齡九十四，雖然身體瘦弱，但精神還不錯，每天晚餐後外勞扶著您來回走動，您的步履還蠻穩健。外勞回國後新的外勞很年輕，媽交代照顧您的事情，我帶她外出採買，整整五個月的時光轉眼又到分離的時刻。

您常常近中午醒來，早中午的餐次重疊，您就坐在床上進食，您有時一瓢一瓢的吃，一放鬆又睡著了；有時體力不錯，還是扶您到餐桌上吃午餐，飯後大小解再上床休息，如果我們一起吃中飯，您總是安靜地細嚼慢嚥，我和您並未交談，回來看見您平安，讓您見到我安然無恙，言語彷彿不那麼重要了。

經過整天的睡眠，晚間六點後您可保持四個小時的清醒，晚餐後是您一天在客廳停留最長的時間，您還是靜靜的讀書看報紙，我坐在您身後，您在眼前，在身邊陪著我，這已足夠。

後來新外勞又再度來臨，Umi是上天派來的小天使，照顧您無微不至。２０２０年疫情爆發，回台機票取消，２０２１年疫情繼續漫延，回台計劃再度作罷，今年六月接到媽的電話，您吞嚥困難吸入性肺炎發燒住院，Umi隨您入院照料，我匆忙趕回來幫忙，轉眼也三個月了。

爸，我下禮拜要回美國了，樂倫一個人在家照顧媽媽，我要回去幫忙，媽一個人在家，她很堅強，她要獨立生活，您對抗病情也要堅強喔，我知道您很辛苦，如果真的很難受，也不能一直堅強啊！我希望您的病情穩定，讓我們明年還能相見，可是又不捨您忍受辛苦，一直堅強，我每天禱告，上天聽得見，老天知道您對我們的愛，他一定會做最好的安排。

爸，我很幸運遺傳了您對文學的喜好，有了自己的書，每次讀自己的書都覺得很幸福，在書裡描寫的親情都是您為我做過的事，對我說過的話，我很滿足有自己的書，也很感謝這一生能有您和媽如此無私的父母。

您九十大壽時我回來，一天早上醒來，聽見您上廁所後再回去睡，我趕緊起身，悄悄走到您床前叫您，您張開眼睛，我輕聲說：爸，您知道我很愛您嗎？我終於鼓起勇氣說出這句話，您靜靜的說：妳把自己照顧好，不要讓我們擔心，才是真正的愛。您是一個懂得愛的人，愛不僅僅是口頭上的表達，而是要落實在生活中實行，才不至空洞虛假，我熱淚盈眶點頭回答您：我會，我會好好照顧自己，讓您放心。

您在我筆記本寫下勉勵的話：勤奮，堅毅，正派，謹慎，您這一生都做到了，我也會做到，我會好好照顧自己，不讓您們擔心，來回報您們對我的愛，爸，希望明年再相見。

2022年9月7日

第一次病危通知後長女語音留言給父親

爸：

我是三三，昨天到醫院看您了，媽，哥哥，姊姊還有我的先生和女兒，我們都去了，但隔著兩道門，不能摸摸您，抱抱您，透過擴音機我看到您聽到媽的聲音努力的回應，您插了鼻胃管又不時的抽痰，聲帶受損發聲困難，從六月至今您一直進出醫院多次，很努力的對抗這場病，打這場仗。

您一生都勇敢堅毅，也對我們三個孩子有這樣的期望，謝謝您這一生給我很好的榜樣，讓我們知道要做一個認真向上，不自私，為大家利益做最好努力的人。您在工作上為台大物理系盡心盡力，無私的付出，從不為自己的功名利祿著想，一生淡泊，從不爭權奪利，總是自己默默付出，我看到您一生風骨也影響了我做人的方向。

謝謝您一直在我身邊總是鼓勵我，從未責備，前兩天下雨，我走在路上看到小水坑，想起小時候您牽著我的手上菜市場，說著家鄉話：趕家走（挑路走），那聲音一直縈繞在我腦海裡，那個牽著我的手上市場買東西的畫面一直停留在我的心裡。

國中時有一次考試沒考好，那天熬夜在看書，您默默的遞了一張紙條寫著：知恥近乎勇，能知道自己的不足，努力跟上就是最好的精神。在我拿到博士學位後，您寄給我一張精心寫的賀卡恭喜我經過千辛萬苦得到學位，光耀門楣，但還是勉勵告訴我：士不可以不弘毅，任重而道遠。我知道您心裡對我有很多期望，但總是很暖心鼓勵我小心翼翼步步前行，您一生給我豐富的榜樣和身教，讓我知道人生即使有阻礙有困難，還是要努力去克服。

我看到您這三個月來在病榻為自己奮鬥的精神，即使點滴插針痕跡遍佈手背腳背，打各種針讓您處處淤青破皮，插鼻胃管，插管抽痰種種不舒服，直到後來確診，您總是默默忍受痛苦，從不抱怨也不喊苦，配合醫護人員，這是您給我最棒最後的身教，我都會記住，謝謝您，我最親愛的爸爸給了我富足的一生，最好的身教。

即使在最後時刻，您對一直在您身邊照顧的Umi無限溫柔，在最不舒服的時候仍不忘謝謝她，感謝身邊的人，這就是您啊，一生對人感恩感謝，彬彬有禮。

爸，您這一生很圓滿，對工作盡心盡力，對家庭認真負責，您也許不是最浪漫的先生和伴侶，但您總是給媽最大的空間讓她去做想做的事，這在您的年代我看來，您絕對是有寬大的胸襟，在您身上我看到了您做了我這個世代都不太可能做到的事，您是兩性平權的先趨，這是多麼不容易的事啊！

現在疫情嚴重，我們無法陪伴您，只有Umi可以照顧您，很感謝她隨伺在您身邊。爸，現在有一個很難的決定，您的肺部發炎，有很多痰，如果一口痰卡住氣管沒有立刻抽出來，無法吸氣，您的心跳血壓就會下降，情況很危急，我們兄妹三人還有媽看到您插鼻胃管，插管抽痰很辛苦，不忍心讓您再作氣切讓您能夠呼吸，這樣您就更無法言語，您現在躺在床上無法自在的發聲說話，無法表達需要什麼，我很心疼，我不知道您也覺得這樣很難受嗎？

我們不希望您再受折磨，插更多的管，所以如果下一個時刻，您的痰卡住氣管無法呼吸了，我們會讓您沒有痛苦的離開，爸，那是因為我們很愛您，不忍心讓您再受苦，才作的這個很難的決定，所以一定要告訴您，請您原諒，不給您急救是不忍心讓您受苦，插針滿身到處黑青，一直打點滴抗生素，一直拉稀，全身瘦骨嶙峋，連說話，張開眼睛的力氣都沒有，很想拍拍您，抱抱您，可是現在疫情阻隔，將我們分開，我們心疼您，不想讓您身體上受那麼多苦，也要讓您知道我很愛您，即使很少說出來，我真的很愛您，希望下輩子再做家人，能回報這一輩子感受於您的恩惠，希望有機會再跟您說說話，抱抱您，我們等候您。

２０２２年９月７日

第一次病危通知後小女語音留言給父親

伯銓老師紀事年表

1926年	民國15年10月2日	出生	生於江蘇省海門縣
1947年	民國36年	時年21歲	由上海來台灣，任職於台大軍訓室，旁聽英文班，普通物理班
1948年	民國37年	時年22歲	考上台大物理系
1952年	民國41年	時年26歲	台大物理系畢業，服預官役
1953年	民國42年	時年27歲	到校任助教
1962年	民國51年	時年36歲	參加公費留學考試赴瑞典研究進修光譜學，返國獲吳大猷先生聘為中央研究院副研究員

1965～1969年	民國54～58年	時年39歲至43歲	陸續發表論文，升任副教授
1953～1977年	民國42～66年	時年27歲至51歲	24年間致力於光學研究，通過台大教授資格審核，升任教授，擔任物理系系主任
1977～1993年	民國66～82年	時年51歲至67歲	16年間致力於普通物理實驗內容，儀器，講義的革新，設計與研製，教學改革之艱鉅任務
1996年	民國85年	時年70歲	自台大物理系退休
2022年	民國111年10月11日	享年96歲	病逝於三軍總醫院

致

一生交付母校台大物理系的伯銓老師

——我的父親

國家圖書館出版品預行編目

風輕雲淡 : 崔伯銓教授的故事 / 陳零著. -- 臺北市 : MIA, 2023.02
面； 公分
ISBN 978-626-01-0959-2(平裝)

1.CST: 崔伯銓 2.CST: 回憶錄

783.3886 111022479

風輕雲淡
──崔伯銓教授的故事

作　　者／陳零
封面設計／Alan Chuang
出版策劃／MIA
製作銷售／秀威資訊科技股份有限公司
114 台北市內湖區瑞光路76巷69號2樓
電話：+886-2-2796-3638
傳真：+886-2-2796-1377
網路訂購／秀威書店：https://store.showwe.tw
博客來網路書店：http://www.books.com.tw
三民網路書店：http://www.m.sanmin.com.tw
讀冊生活：http://www.taaze.tw

出版日期／2023年2月
定　　價／250元